Ariel G Batista Osorio

La cara escondida

Ariel G Batista Osorio

La cara escondida

Cuentos policiacos, judiciales y con implicaciones legales

JustFiction Edition

Cover image: www.ingimage.com

Publisher:
JustFiction! Edition
is a trademark of
Dodo Books Indian Ocean Ltd., member of the OmniScriptum S.R.L Publishing group
str. A.Russo 15, of. 61, Chisinau-2068, Republic of Moldova Europe
Printed at: see last page
ISBN: 978-620-3-57822-5

En la copa del placer se encuentra esperando la oportunidad

A Sarahí mi nieta

LA CARA ESCONDIDA

Cuentos policiacos, judiciales y con implicaciones legales
(Realidad, ficción y sátira)

Ariel G. Batista Osorio

Prefacio

Si algo ha dejado impregnado en mí la profesión que escogí, fue el amor a la justicia. El tiempo dedicado al asesoramiento en materia legal y, a contribuir a lograr la solución de innumerables casos sometidos a mi consideración que de una manera muy arraigada, colegiada o individual, aun ocupa una parte de mi cerebro y, considero muy difícil desprenderme de ella; del recuerdo de casos connotados que marcan la existencia de cualquier jurista, pero a la vez, también conjugando dicha responsabilidad con la no menos importante profesión del escritor, que dentro del marco no solo del derecho, sino algo más allá, de la vida en su conjunto, permite dar un vuelco a los conocimientos y experiencias obtenidos al respecto y emplearlos, por qué no, de una manera humorística, satírica, ficticia y real, dentro del respeto que merece; así como didácticamente, para quienes al leer la obra pueda siempre tener presente lo abarcador e importante para la humanidad de esta materia. Dos cosas importantísima considera el ser humano en el desarrollo de su vida: la salud y la libertad o ejercicio del derecho en sus disímiles manifestaciones, mas, ello depende de la seriedad con que se desempeñe. En algunos de los cuentos escritos en este libro, puede manifestarse un hecho real o imaginario, siempre diferenciado de cualquier identidad y personalidad de quienes fueron los sujetos que lo aportaron; así como puede estar presente una dosis que provoque la sonrisa. Para mí ha constituido una experiencia insustituible. Gracias.

El autor

Crimen pasional

Acusado, luego de haber escuchado usted la denuncia, leída por el secretario mediante la cual ha sido instruido de cargo por un delito de asesinato y que da inicio al acto del juicio oral y público, desea declarar; póngase en pie por favor.

- No sé señor presidente porque no domino tales extremos, si los hechos en que participé pueden calificarse de asesinato, o no, sólo sé que ella, la mujer que tanto amé en mi vida me hubo de matar. No puede haberse obtenido el arma con que lo hizo, no existe un certificado de defunción, pero sí hay huellas imborrables que desangraron mi corazón, cómo quiere su excelencia que conteste su interrogante en presencia de este digno tribunal, si aquí solamente ha comparecido un muerto, porque mi alma muerta está por causa de su desamor.

- Acusado, es necesario que concrete su participación en los hechos que se le imputan ¿Ejecutó, o no, la acción sobre los hechos de asesinato que le imputa el fiscal?

- Señor presidente ¿puede usted juzgar un espíritu? Un espíritu en pena sobre la tierra que masacrado fue llevado a la sepultura y desde allí siguió amando, ese soy yo desde que ella me abandonó.

- Eso no le dio ningún derecho a privarle de la vida como lo hizo, no quiso continuar amándole, por eso de su lado se retiró ¿o es que hubo otra razón desconocida?

- Si señor juez, hubo una poderosa razón ¡tanto la amé! ¡tanto me aseguró que me amaba! que su abandono consideré una cruel traición; ya considerándome un difunto, un día descorrí la losa que pretendió sellar mi tumba y salí, no obstante, hice un enorme esfuerzo para aprender a vivir sin verle, sin sentirla a mi lado, sin tener sus caricias y mimos a que estaba acostumbrado, pero por mucho que traté de lograrlo nunca pude acostumbrarme, entonces me dirigí a la habitación, aquella habitación que fue siempre nuestro nido de amor, como un loco solamente sentí la sangre que brotaba a borbotones por la herida que ella sin piedad alguna había causado a mi corazón, y busqué sin perder un segundo la pistola que siempre tuve con el único motivo de defenderla a toda costa si fuese necesario, no tenía otra razón.

Salí a buscarla en todos los lugares que sabía frecuentaba, al principio una idea morbosa a mi mente acudió, pensé que me había dejado por otro, mas ese no fue el motivo. Ella nunca supo cuál era, yo revisé una y mil veces mi vida, y tampoco lo encontré, sólo la vi triste, con su cara ensombrecida, como quien había perdido la razón, fue señor presidente cuando una fuerza poderosa dominó mi mente, acudiendo un sólo pensamiento, y con el arma en mis manos continué buscándola hasta que la encontré, ella me miró sin mencionar palabras, le pregunté: ¿por qué lo hiciste? ando en penas, me quitaste la vida, rompí la tapa de mi sepultura, me deshice de todos los prejuicios morales que no me permitían llegar hasta ti y he venido para eliminar nuestro sufrimiento, porque veo que estás sufriendo ahora lo que yo también sufrí.

Hubo un profundo silencio, ella sin levantar la cabeza fue a sentarse sobre las raíces del viejo árbol donde solíamos enamorarnos, la tomé entre mis brazos, ya había montado el arma con una bala en el directo - una pistola automática Parabellion calibre 38 - y le dije: dejaremos de sufrir; apreté el gatillo dejando vacío por completo el magacín, descargué todos los proyectiles en su pecho.

Júzgueme ahora señor juez, soy culpable del crimen, pero en menor grado que el de ella, mas lo hice por amor, el amor todo lo puede.

¿Conoce usted señor presidente lo que siente el reo cuando es condenado a pena de muerte? ¿Ha sentido su excelencia el dolor que siente en ese momento el finado? Desde su posición no puede sentirlo, mas yo lo siento. Condéneme, no sienta la pena que a mí no me deja vivir.

KAROL

Debajo de uno de los árboles del parque central de la ciudad, buscando evadir los morbosos rayos del sol en la hora del medio día, esperaba para continuar andando. Apenas sin percatarme de ello se presentó ante mí una mujer de unos cuarenta años de edad; de buen cuerpo femenino, piel trigueña, pelo negro largo, mas, su cara carecía de atractivo; aparentaba haber sido mal tratada por la vida. Puedo sentarme a su lado señor? Sí, no tengo ninguna objeción. Gracias, caballero! Sabe, espero que chequeen la mercancía en la tienda para poder comprar el shampoo que necesito, es la marca que busco. Si señora, a veces esos productos demoran algún tiempo en ponerse a la venta, hay que aprovechar cuando los sacan. Y usted está también para la tienda? No, para nada, estoy descansando un poco, y dando tiempo a que refresque la temperatura para continuar mis gestiones. Claro, lo entiendo, es muy prudente hacerlo. Ah, mire! parece que ya están vendiendo el shampoo, veo aquella mujer con uno en su mano. Disculpe señor, con su permiso, enseguida regreso. Vaya, vaya, no tenga pena. Enseguida regreso dijo, parece que piensa continuar conversando conmigo, le sobrará el tiempo en sus quehaceres hogareños. Ya estoy de vuelta, como le decía, no es bueno exponerse al sol en estos tiempos, es dañino a la piel. Así es, por eso decidí esperar aquí en el parque. Ay, pero aquí también se siente calor, hay un resplandor muy fuerte; mire yo resido a media cuadra, vivo sola sabe, lo invito a visitarme y tomarnos una limonada fría, me acepta? Sí, por qué no. Vamos entonces, se puede apreciar que usted es un caballero. Gracias madame. Habla francés? No, en lo absoluto, son palabras populares que se le pegan a uno. Si claro, lo comprendo. Llegamos! Como puede ver es bien cerca del parque. Vive usted… Karol, llámeme Karol. Está bien, le decía que vive usted en un lugar codiciado Karol. Así es realmente… Fernando, me nombro Fernando. Podemos ser buenos amigos Fernan, estoy sola, su compañía puede ser buena; y usted? También Karol, soy sólo, pero… Termine, sin pena. No quisiera tener una relación amorosa con usted, no se entristezca, discúlpeme, son los gustos. Le entiendo Fernando, mi cara no le agrada, lo sé, por eso estoy sola. Sin embargo, cualquier hombre bueno, de mi agrado, garantizaría su vida a mi lado. Nunca lo había dicho, ahora siento debo hacerlo, tengo en ese cofre que ve ahí en el escaparate, 900 mil dólares guardados para compartirlos con un amor. Por favor, Karol, hágase la idea que no me lo ha dicho. Gracias por la limonada, muy sabrosa, exquisita, y su confianza depositada en mí, debo retirarme, hasta luego. Hasta luego caballero Fernando, si recapacita, conoce el camino de retorno. Buen día, buen día oficial. Usted es Fernando Delarus Delarus? Sí, el mismo. Puede mostrarme su identificación. Aquí la tiene capitán. Gracias ciudadano, debe usted acompañarme a la Unidad de Investigaciones Criminales, soy el capitán Franklin. A qué se debe esto capitán? Es usted sospechoso del asesinato de la señora Karol Mens Andrews. Cómo dice usted oficial? De la señora que conocí ayer en el parque y me invitó a una limonada en su domicilio? Así es ciudadano. No puede ser Dios mío! Hoy en la tarde pensé volver a visitarla, fui poco caballeroso con ella, no debí serlo, sólo porque su rostro no me agradó inicialmente. Acompáñeme ciudadano, por favor! tengo que arrestarlo.

Pasemos al local para interrogatorios, ciudadano. Mire, este teléfono móvil pertenecía a la occisa Karol, en él está grabada su conversación con ella desde que se encontraron en el parque. Escuche, por favor! Está usted de acuerdo en que todo sucedió así? Perfectamente capitán, pero yo no asesiné a esa señora. Tengo que dejarlo detenido, comprenda usted, es sospechoso de un delito de asesinato.

Capitán, me retiré de su domicilio abruptamente, pues, me percaté que pretendía ser mi pareja, o lograr algo así de mí. Con todo y eso hoy en la mañana pensé disculparme con ella, me dio mucha pena su fealdad en su rostro, pero también pensé que todos guardamos una virtud, no parecía mala persona, sólo eso, fea de rostro. No obstante, ciudadano Fernando Delarus Delarus, mi deber es dejarlo detenido, estamos ante un asesinato; ella fue degollada con una navaja, y el cofre en su escaparate estaba abierto, cofre que ella le mostró a usted, quien supo de su existencia y vio. Es así o no, ciudadano? Si capitán, hasta ahí es así, pero yo no volví a su vivienda, no la maté oficial, debe encontrar el asesino. Es mi trabajo Fernando, le aseguro que lo presentaré al Tribunal para que sea debidamente condenado. Tiene

derecho por encontrarse bajo medida cautelar de designar un letrado para su defensa. Présteme el teléfono, por favor! lo haré inmediatamente, déjeme comunicarme con mi hermano.
Capitán Franklin, soy el Licenciado Antonio Delarus Delarus, abogado penalista, a cargo de la defensa del señor Fernando Delarus Delarus, acusado de oficio por el presunto asesinato de la señora Karol Mens Andrews, bajo medida cautelar disponiendo la privación provisional del reo. Aquí tiene el documento alegando mi personería oficial instructor, necesito me muestre el resultado de las investigaciones hasta la fecha sobre el caso.
Aún no he concluido abogado, como usted conoce tengo un término para ello conforme lo dispone la Ley de Procedimiento Penal, pero, tome asiento, veamos los detalles en contra de su representado.
Bien capitán instructor, hay una grabación de su conversación con la señora que resultara occisa, huellas dactilares en el vaso donde ingirió la limonada, la técnica canina demostró haber estado en el interior del domicilio, nada de eso él acusado ha negado, todo ocurrió en el horario del medio día, verdad capitán? Así es abogado. Continúo, en la noche cuando el examen forense determinó se produjo el asesinato sobre las 10.30 horas, mi defendido se encontraba en su vivienda; así corroborado por los vecinos y las personas que visitaban su vivienda, periodistas que le entrevistaban por su labor como excelente vinatero; pero hay algo más, en el cofre donde se menciona haber la excesiva suma de dinero que ella manifestó, no hay ninguna huella del detenido, ni existe ninguna evidencia hubiera existido realmente dinero en efectivo en el mismo, conforme al peritaje realizado por los oficiales de Criminalística. No le parece extraño capitán? Además, de estar en presencia de un ciudadano de buena conducta anterior y posterior a los hechos, sin antecedentes por ninguna causa, y de buena reputación social.
No me ha hablado usted oficial instructor de las características personal de la resultada occisa, su conducta social, su procedencia, sé que no ha concluido el expediente de investigación, pero le solicito lo antes posible examine esos extremos, por favor!

Considero lo visto es suficiente para solicitar la modificación de la medida cautelar aplicada a mi defendido, espero usted comprenda, y la autoridad competente lo acepte. Gracias capitán, volveremos a vernos.

Diez días, mi hermano, detenido e incomunicado, me parece un siglo. No te preocupes Fernan, el proceso se desarrolla a nuestro favor, solicité cambio de medida cautelar, y te fue concedida; ahora solicitaré un nuevo despacho con el capitán instructor Franklin, quiero conocer si se han practicado las investigaciones que le propuse.

De nuevo ante usted capitán, solicité este despacho oficialmente, pues, es nuestro interés saber del resultado de las investigaciones que plantee necesarias hacer sobre la persona de la occisa; tiene algún resultado? Precisamente abogado, hoy en la mañana recibí el resultado de las investigaciones de nuestros colegas de la Unidad de Investigaciones Criminales de La Habana, ciudad donde residía la fallecida. Era una persona con trastornos psicológicos de conducta severos, ello debido según el informe médico psiquiátrico del galeno que la atendía a su fealdad de su rostro, por lo cual, nunca pudo establecer una relación amorosa normal. En otras ocasiones recurrió a la simulación de un delito imputable a la persona en quien ella se fijaba, pero no le correspondía, claro eso no quiere decir que dichos elementos sean lo suficiente esclarecedores para cerrar el caso y declarar libre de sospechas a su representado. Lo comprendo capitán, pero, es una prueba más, importante para la defensa, que argumentaré en su debido momento procesal. No obstante, oficial, debo proceder a solicitarle una nueva y minuciosa inspección en el lugar de los hechos. De acuerdo abogado, está usted en su pleno derecho, Hágalo. Gracias capitán, hasta pronto.

La prueba planteada fue aceptada, Fernan, tenemos fijado las 2 PM del día jueves 25 para ser realizada por los peritos del Laboratorio de Criminalística; allí estaremos nosotros, tengo la esperanza de encontrar algo nuevo a tu favor. Ojalá sea así, esta situación me tiene muy mal.

Esperaba un resultado satisfactorio capitán, algo me decía que había un elemento no encontrado inicialmente. Si abogado, esta carta donde la occisa plasmó dirigida a su defendido, que no llegó a él, quizá fue enviada con alguien de su confianza que no cumplió el deseo de ella, y posterior a los hechos, sabiendo el valor que tenía para que no fuera enjuiciada una persona inocente, la envió por correo, dejándola el mensajero del mismo por una de las tablillas de la ventana de su habitación, ya corroborada caligráficamente su autenticidad. En ella plasmó claramente su decisión de suicidarse si el ciudadano Fernando Delarus Delarus, no la aceptaba como su pareja amorosa. También apareció el arma homicida: una navaja de afeitar. Ello exonera de los cargos imputados a su representado. En realidad ella era una paciente psiquiátrica, pero, lo que no entiendo es por qué el cofre del dinero que menciona en la grabación se encontró abierto y vacío? Es una incógnita muy difícil de esclarecer capitán Franklin, si fuera yo el instructor del caso le buscaba una respuesta asociada a su estado de salud y procedía a cerrar el caso; no cree es menos complicado para usted? Puede ser abogado, pero no estoy conforme, ello implica mi profesionalidad, comprende?

Entonces Antonio, ya estoy libre de cargos? Ya mi hermano, y con una experiencia más que la vida te ha dado. Puedo ampliar mi negocio sin problema alguno, abrir una sucursal en otros lugares? Y... con qué respaldo financiero cuentas para eso Fernan...? Me habías dicho no tenías recursos monetarios para adquirir materias prima para la producción...

CONFESO

Acusado, póngase de pie, ha escuchado usted la acusación que le hace el ministerio fiscal, desea declarar al respecto. Nada tengo que declarar señor presidente. Entonces puede sentarse.

Fiscal, alguna pregunta al acusado? No necesario su señoría.

Letrado de la defensa, tiene usted la palabra. Gracias excelencia.

Habiendo asumido la causa de oficio, representando al acusado imputado de un presunto delito de “robo con fuerza en las cosas”, previsto y sancionado conforme al Artículo 328.2 del Código Penal vigente, debo señalar que no obstante encontrarse mi representado aún en libertad condicional, por haber sido ejecutoriamente sancionado en una causa anterior, la cual consta a fojas del expediente incoado, el mismo se encuentra actualmente en ese estado por su buen comportamiento durante su cumplimiento en el establecimiento penitenciario, labora en un centro de trabajo normalmente, es padre de familia, incapaz en estos momentos de realizar la comisión de un delito de la índole que se le imputa. No obstante, Señor presidente, puede verificarse que el día de los hechos, el acusado no había salido de su vivienda; así como…

Acusado, a usted se le dio la palabra en el momento procesal oportuno rehusando declarar, lo cual consta en acta, cuál es el motivo que insistentemente durante la intervención de su abogado ha estado levantando su mano, póngase de pie. Mire, Señor presidente, lo único que yo quiero decirle al defensor es que no pierda más su tiempo hablando, “yo fui el que se robó to’ eso…”, pa’ algo dejé “guardá” la cuchara allá adentro.

Oiga, cómo es posible que con un desarrollo de un juicio a su favor, como lo estaba llevando, usted se declarara confeso de esa manera delante del tribunal, cosa que no hizo cuando estaba detenido en la policía. No puedo entenderlo.

Mire abogado, lo que sucede es que no es usted quien tiene que lidiar con mi mujer to’ el tiempo en la casa…

LA VISITA DEL SILENCIO

Quizá él piense se va a librar de mí. Eso cree, iluso, pero cuando lo encuentre me las va a pagar todas juntas. Engañarme a mí! Dobla a la izquierda Ronny, y no pares hasta el parque central, es posible lo encuentre allí saboreando el triunfo. Despacio amigo, da la vuelta completa para poder ver si está sentado en algún banco como acostumbraba antes de darme el zarpaso. Míralo allí Walky. Dónde viejo? No lo veo. Para el auto. Fíjate asere, el banco que está en dirección al Teatro; mira bien. Si compadre, ya lo tengo en el lente; y está solito. Parquea, parquea aquí mismo, vamos a hacerle la visita; *la visita del silencio.* Los dioses me lo pusieron en la mano, no me podían fallar, viejo. Esto lo vamos a celebrar en grande Ronny, me la voy a jugar, pero, se la voy a cobrar. Ven, hazme la media, vamos hasta él. Dime caballón? Te sientes "preparao" para saldar la deuda? Estaba pensando ahora mismo Walky en ir a verte. Después de tanto tiempo; disfrutaste todo lo que quisiste la plata mía, eso tiene, digamos un recargo. Pero vamos, vamos a conversar en el auto, allí nadie nos molesta. De eso nada, de aquí no me muevo ni "amarrao". Seguro, tú sabes que mi brazo por encima de tus hombros, y Ronny delante de ti, significa algo; hace un rato afilé "al guardián" hasta el cabo, quieres probarlo? No te molestes chico, cambié de idea, voy con ustedes, aquí traigo parte de la plata, el resto te la entrego mañana, podemos arreglarlo todo, en un final siempre fuimos buenos socios. Bien, vamos; entra a la parte trasera, yo me siento a tu lado; Ronny: pon en marcha el carro, la conversación ya terminó, nadie reparó en la jugada. Hacia dónde vamos ahora, dale para la salida de la ciudad, lo más lejos posible asere, no te preocupes, ya éste no habla más, se tragó la hoja del guardián completa. Vamos a deshacernos del paquete, y nada ha "pasao". Que después suene si la Poli quiere, me da igual. En el "tanque" dejé algunos socios a quienes también le debía algo, me lo van a agradecer.

Muerte imprevista

Teniente Albin, tenemos un presunto hecho de Sacrificio Ilegal de Ganado Mayor, acompañado de Hurto, en la zona de La Loma, debe acompañarse de dos soldados, es un lugar de amplia vegetación y según el informe, el sospechoso es de cuidado.

A la orden Mayor, en unos minutos saldremos para allá.

Con dos policías más, de conformidad con la indicación del jefe, el Teniente Albin se encaminó hacia el lugar de los hechos.

Teniente – le dice uno de sus acompañantes - : en ese sitio opera el apodado “Verduso”, uno de los ladrones de caballos más peligroso.

Entonces, cuando lleguemos nos informamos sobre él y la situación que de manera general se presenta en la zona.

Ya estamos en La Loma muchachos, contactemos con la gente nuestra antes de operar. Efectivamente, “Verduso” parece ser el principal implicado en el caso que nos ocupa, pienso debemos detenerle y, luego de obtener su declaración con lo que podamos “arrancarle”, continuaremos accionando. Dejaremos limpio de delincuentes este sitio.

Una vez presentados en el domicilio del ciudadano conocido como “Verduso”, son atendidos por una mujer de aparentemente unos 56 años de edad. Señora, usted es familia del ciudadano apodado “Verduso” – le pregunta el Teniente -. Si señor, es mi hijo. Él se encuentra? Está metido en algún lío, oficial? Pesa sobre él una denuncia de Hurto y Sacrificio Ilegal de Ganado Mayor; debemos tomarle declaración.

Mire, señor policía, él no se encuentra, imagínese, es un hombre, sale de la casa y a veces demora bastante en regresar.

Detrás de la pared de madera de palmas que divide la pequeña sala de recinto destinado a la cocina – comedor, se movió con cierta dificultad un hombre joven – Gero, hermano menor de “Verduso” -, de lo cual no se percató ninguno de los policías actuantes.

Dígale, señora, que volveremos más tarde, debe esperarnos.

No había terminado el Teniente de hablar con la madre del imputado, cuando ya Gero iba en camino hacia el lugar donde su hermano se encontraba habiendo sido avisado de la presencia de la policía en el barrio. No obstante, uno de los soldados que el Teniente había dejado cerca de la vivienda, lo vio e informó al oficial Albin, quien dirigía la operación, decidiéndose seguirle. Al rato, mire Teniente, nuestro hombre se ha internado en la manigua, parece que el otro se esconde ahí.

Vamos a penetrar por distintos puntos del terreno, quien lo halle avisa y allí convergemos para detenerle. Manos a la obra!

En pocos minutos se produjo el aviso; de inmediato los tres agentes se encontraron frente al presunto ejecutante de los hechos: caramba "Verduso"! No pensamos vernos tan rápido. Tú familiar nos trajo hasta aquí. Esgrimiendo un machete en su mano derecha, el individuo, con las piernas semi abiertas, adoptó una conducta agresiva, de resistencia a los agentes. El que se acerque lo pico a la mitad, como a uno de esos matojos. No seas necio "Verduso", le dijo el Teniente, solo queremos aclarar la situación, colabora y todo saldrá mejor.

Como si no los conociera, siempre es la misma cantaleta, y al final salgo con las esposas puestas directo para el calabozo. Piensan que soy un bobo y, la experiencia obtenida con ustedes mismos y, allá dentro del penal. Si se acercan, al primero que lo haga lo pico al medio.

Mientras, habilidosamente, el oficial le hablaba moviéndose de un lado al otro, buscando la manera de que se concentrara en él, uno de los policías daba la vuelta para apresarlo de manera imprevista por él. Todos estaban en tensión, el momento se había tornado bastante difícil y peligroso para los uniformados. Desde las sombras, Gero, esperando la oportunidad para salir en defensa de su hermano. De pronto el agente que realizaba el rodeo, ya lo suficientemente cerca de "Verduso", lo abracó por la espalda; éste comenzó a describir figuras en el espacio con el machete que portaba, no era posible dominarlo fácilmente, fue cuando los otros dos policías se le acercaron, ya el hombre no esgrimía el arma blanca, había sido despojado de ella; lanzaba piñazos, patadas, cabezazos, asistido de su fortaleza física. El Teniente haciendo uso de sus conocimientos sobre defensa personal, trataba de reducirlo a la obediencia y ponerle las esposas en sus brazos; de tal manera realizó determinadas maniobras, incluso respondiendo a la lluvia de golpes que “Verduso” le lanzaba; fue cuando Gero entró en acción y acercándose al oficial por su espalda, aprovechando se encontraba arrodillado sobre su hermano, en el suelo, extrajo un pequeño cuchillo y le produjo un puntazo a nivel de la cintura; el Teniente se puso en pie de inmediato, como accionado por un resorte y, dejando a sus compañeros con “Verduso” se dedicó a perseguir a Gero, el cual, por presentar una afección en su pierna derecha, la que le había dejado secuelas en su infancia, no podía desarrollar la velocidad deseada para dejar atrás al oficial y huir, logrando ser alcanzado por su perseguidor. Mas, cuando Gero vio que inminentemente sería apresado, detuvo la marcha bruscamente y lanzando a ciegas una cuchillada, logrando producir una incisión en el antebrazo del Teniente a todo lo largo del mismo. De inmediato el oficial quedó paralizado y al percatarse de la hemorragia que padecía, su sistema nervioso no aguantó el embate, perdió el conocimiento cayendo al suelo, desangrándose lentamente y, falleciendo por falta de asistencia médica. Gero, sin saber ciertamente la consecuencia de su acción, continuó la marcha, buscando donde esconderse.

“Verduso” fue reducido a la obediencia y detenido. Al percatarse los agentes restantes que el tiempo había pasado y su jefe no retornaba, decidieron salir a buscarle, cuando lo encontraron ya sin vida debajo de un almendro, herido y desangrado.

Gero, fue encontrado y detenido a los dos días de haber ocurrido los hechos.

Ambos hermanos, procesados penalmente, fueron puestos a disposición del Tribunal correspondiente, acusados por el Fiscal. Nicolás Poll Prade, alias “Verduso”, por los delitos de Hurto, Sacrificio Ilegal de Ganado Mayor y, Resistencia a la autoridad. Gero Poll Prade, por el delito de Asesinato; caso muy discutido entre todos los profesionales de las Ciencias Jurídicas actuantes en el mismo. El ministerio fiscal, en su función de representante y velador del cumplimiento de la legalidad, mantuvo en el juicio oral y público su petición de la pena máxima por el delito de Asesinato, en las condiciones que se ejecutó y sobre un oficial de la policía en la misión de detener a los delincuentes comisores de los delitos imputados.

Constituido el Tribunal en Sala de Lo Penal del Tribunal Provincial correspondiente, hubo de juzgar a ambos procesados; dictando sentencias en el caso de Nicolás Poll Prade, alias "Verduso", por lo delitos de Hurto, Sacrificio Ilegal de Ganado Mayor y, Resistencia, a diez años de privación de libertad, sanción conjunta. Y para el acusado Gero Poll Prade, por el delito de Asesinato, la pena de muerte por fusilamiento.

Hubo manifiestos desacuerdos sobre la sentencia pronunciada por el tribunal de instancia en el caso de Gero Poll Prade, lo cual produjo un amplio análisis al presentarse el Recurso de Apelación ante el Tribunal Supremo, decidiendo éste modificar la pena impuesta y dictando nueva sentencia contentiva de quince años de privación de libertad, por el delito de Homicidio.

Sin protección

Oficial, yo no me he "robao" nada, se lo aseguro. Mire, la gente ya no sabe diferenciar las cosas. Robar, oiga, esa palabra encierra algo grande: meterse en un almacén o, en una vivienda y, apropiarse de algunas pertenencias de valor, pero nada de eso he hecho, policía.

Nada, ciudadano Antón Vargas Yoll, alias Pituín? Estás seguro de eso? Acaso no penetró usted en los almacenes de la Empresa Constructora Kairo y, salió con un vagón llevando dos sacos de arena artificial y polvo de piedra? Hay testigos presenciales que ya declararon.

No le digo oficial, la gente no conoce esta mecánica, no saben lo que hablan. Además, tienen tremendas faltas de conceptos. Yo no he penetrado en ningún almacén, eso no es cierto.

Y, de dónde sacó usted los materiales que se ocuparon cuando los llevaba en el vagón?

Es lo que digo, hasta usted se deja confundir.

Ah! Ahora yo, el Oficial Investigador de la policía está confundido; a ver explíqueme ciudadano Antón.

Mire, señor Teniente, el vagón es propiedad de mi primo Francisco, sí, de Paquito, como le decimos cariñosamente en la familia. Él me lo prestó. Y, en cuanto a la arena y el polvo de piedra, son productos que los han desechado; seguro están contaminados como sucede a cada rato.

Quién le dijo a usted, Antón, que esos materiales de la construcción están desechados.

Eso se cae de la mata Oficial, están en el patio de la Empresa, tirados sobre un piso de cemento que hay allí hace años. Si hubieran servido estuvieran en un almacén.

Ciudadano Antón Vargas Yoll, usted sabe que ese patio de la Empresa, es un almacén a cielo abierto, con su piso hecho para tal fin y una lona sobre dichos materiales.

Yo consideré que si así fuera, por lo menos, tuvieran techo.

Le repito detenido, le han tendido una lona por encima de los mismos.

Pero, no están ni cercados, ni existe alguien que los custodie. Mire, podían darme ese trabajito a mí, si es como usted dice.

Ciudadano, se acabó el tiempo, mi paciencia ya se agotó, voy a ponerlo a disposición del Instructor para que sea procesado por un posible delito de Hurto. No lo califico como Robo con Fuerza en las Cosas, precisamente porque la administración de la Empresa descuidó la protección de sus bienes, permitiendo estuvieran en un lugar no cercado y sin custodio.

Sargento! Puede regresar el detenido al calabozo, hasta que el Oficial Instructor lo procese y despache el expediente con el Fiscal.

Cometiste una infracción!

Mi amor, me parece que vamos a demasiada velocidad, recuerda que en la moto nosotros somos parte de la carrocería y tenemos un niño pequeño aun.
Tienes razón mi vida, no obstante esta calle es una pendiente algo elevada y termina en la carretera central, no debo perder velocidad ahora, pues, afectaría la moto. Te prometo que en cuanto alcance la carretera disminuiré la velocidad. Complacida, mi amor?
Bien, pero recuerda que hay una señal de PARE obligatoria.
Te gusta, mi cielo, dirigir el manejo desde atrás. Ja, ja, ja.
No te preocupes Nena, en esa intercesión hay muy buena visibilidad, no es necesario parar en firme, todos los choferes solo disminuyen la velocidad.
No, pues mira, el vigilante de carretera está parado al otro lado, debajo del árbol y, ya nos vio.
Caramba! Ya no me da tiempo a parar. Ah! Ya sé. Cogeremos por la calle de tierra paralela a la carretera que comunica con la calle contigua.
Pero no escapamos, el poli te está haciendo señas para que te detengas, creo se dio cuenta de tu intención.
Qué fastidio! Bueno, espérame aquí, junto a la moto, cruzaré la carretera para ver lo que quiere.
Buena tarde, ciudadano.
Buena tarde, vigilante, diga usted?
Cometiste una infracción.
Creo que usted está equivocado Oficial, yo iba a cometer una infracción, pero como lo vi, no llegué a cometerla y, el Código de Vialidad y Tránsito no contempla el hecho en grado de tentativa, sino el consumado, por lo tanto, considero no puede usted calificarme como un infractor.
Está bien, ustedes han aprendido mucho, puede continuar.
Gracias vigilante, yo fui su alumno en la escuela de tránsito para obtener la licencia para conducir. Es usted un buen instructor!

Por qué me detiene?

No sé qué está ocurriendo en esta ciudad? Me encontraba muy tranquilo en la cola de la tienda La Luz de Yara, solo miraba, no iba a comprar nada, la plata ahora, después del reordenamiento monetario, sí que está por las nubes. Esto lo hago para entretenerme. Entonces, apareció usted, señor policía y, me lleva detenido para la Unidad. Puedo saber por qué?

No quieras hacerte el ingenuo, Pachá. Sabes que te acusan de hurtar de su cartera el teléfono móvil de la señora que estaba a tu lado.

Yo no hice eso poli. Usted lo creyó. Además, no tiene prueba y, no me ha ocupado el móvil.

Todos en esta ciudad sabemos que eres un Lince, Pachá. El carterista más rápido de esta zona.

No vigilante, desde que cumplí la última condena por una causa parecida no he vuelto a estar en más nada, se lo aseguro. Ya perdí hasta la habilidad para sustraer objetos de los bolsillos y carteras.

Pero, hay personas que te acusan, Pachá. Aseveran haberte visto cometiendo el hurto. Te recomiendo te comportes debidamente, ya tendrás oportunidad delante del Tribunal; he sido consecuente contigo, ni siquiera te puse las esposas que llevo en el cinturón. Eh! Dónde están las esposas, Pachá? Y eso que has perdido habilidades!

Oficial, le juro que no las tengo. Usted está seguro que las traía? Míreme, regístreme si lo desea.

Ciudadano Oscar Pachá Perón, te sobrepasas de los límites de tus insolencias, pero no crea se saldrá con la suya, será procesado por el delito de Hurto.

El abuelo…

Qué fui yo! Bueno Oficial, usted es Investigador de la policía, averígüelo. Solo porque se lo hayan informado no es prueba. debe llevarme ante el Tribunal cuando haya esclarecido los hechos, no por un chismecito.

Usted tenía problemas con el occiso, los vieron discutiendo el día anterior a lo acontecido y, precisamente al amanecer fue encontrado ya sin vida.

Cuál fue el arma homicida, Teniente?

El Oficial, dejó escapar una sonrisa. Cómo has aprendido en el penal, muchacho. No recuerdas el arma con qué fue ultimado Jacinto?

Sé que usted no me cree, señor policía, pero, yo no lo maté y, si realiza bien su trabajo va a tener que liberarme de los cargos que me imputa. Lo verá!

Por qué está usando guantes últimamente?

Está prohibido usarlos, Oficial? No me lo habían informado, pero tampoco la ley lo establece.

La esposa de Jacinto ha declarado que ustedes riñeron por causa de un dinero que él le debía a usted y no se lo había podido pagar. Es cierto?

Es cierto Teniente y, nos dimos unos golpes por esa causa, pero no lo maté.

Ella asegura que oyó cuando usted lo amenazó.

Sí, le dije que volveríamos a encontrarnos y, las cosas serían distintas si no me pagaba. Acaso es prueba para demostrar un asesinato? Recuerde Teniente, el Tribunal dicta sentencias por convicción, no por presunción, y eso es hasta la fecha lo que usted está haciendo, presumiendo, como si escribiera un libreto para una obra radial.

Irrumpió en el local para los interrogatorios uno de los policías que presta servicios en la carpeta de la Unidad.

Diga usted Sargento.

Hay un señor que se presentó a la Unidad manifestando ser el que ultimó a Jacinto.

Un señor!

Sí, un anciano.

Cómo se llama Teniente? Puedo saber? Por favor! – Preguntó nervioso el acusado -.

Le interesa mucho a usted, acusado?

Imagínese!

Se nombra Demetrio, de 92 años de edad, vecino da calle Manantiales No. 25 entre Azucena y Mármol, de esta ciudad. Y declara ser el abuelo suyo. Declara que ejecutó a Jacinto con un pedazo de tubo enredado en una tela gruesa que destruyó sometiéndola al fuego, y que lo hizo porque Jacinto acosaba a su nieto después de apropiarse de su dinero, el cual, es una suma ascendente a setenta mil pesos.

Eso no es cierto Oficial, no le crea, mi abuelo no es capaz de hacer eso. Mire, yo he estado tratando de evadir la acción de la justicia, pero, en realidad fui yo quien mató a Jacinto; el arma homicida es una estaca de madera que enterré debajo de la mata de Salvia del solar yermo que está en la cuadra próxima. Por favor! Ordene que vayan allí y la desentierren, tiene mis huellas, no las de mi abuelo que pretende echarse la culpa por mi causa.

Sargento.

Ordene Teniente! Mande al anciano para su casa en uno de los carros de guardia, dígale que más tarde iré a conversar con él. El caso se está esclareciendo.

Por un cangre de yuca

Cuánto me ha "costao", caray! Preparar y sembrar esa punta de terreno del batey de la casa, lo hice con sudor a pesar de mis setenta y cinco años, que bastante pesan.

Caramba, me he "dao" cuenta cuando voy a regar las yucas en las mañanas, que me faltan algunos cangres. Hoy voy a ponerme en vela, el que sea se va a llevar un buen susto.

Como lo había "pensao", por la "madrugá", un hombre joven, con un saco, viene a cargar, como si fuera de él y se hubiera roto el lomo como yo. Eso va a ser hasta hoy "carijo", a mí no se me puede robar.

Dirigiéndose a su casa, el viejo Juan fue directamente hasta el escaparate de su habitación, tomó de él una escopeta de cartuchos calibre 16 mm y, al cerrarse la noche sobre la campiña fue a esconderse detrás de un matorral cercano al sembrado de yucas; estuvo en vela hasta horas avanzadas, aun en penumbras, divisó la silueta de un hombre... Juan, no esperó, no llamó la atención al que calificó como "ladrón"; alzó el arma y accionando el gatillo hizo que la misma disparara. Se oyó un fuerte quejido seguido a la detonación. Juan mató a su sobrino más cercano, por un cangre de yuca.

Detenido en la Unidad de policías del pueblo contiguo, Juan declaró ante el Instructor que defendía su propiedad...

Realizada la investigación pertinente se pudo conocer que Juan era poseedor de una arma de fuego consistente en una escopeta de cartuchos calibre 16 mm, sin autorización oficial para poseerla y portarla; así como por el medio y condiciones en que preparó los hechos con el objetivo de no fallar en su ejecución, comisor de un delito de Asesinato.

Puesto a disposición de La Sala de Lo Penal del Tribunal de la Provincia, fue sancionado por ambos delitos a veinticinco años de privación de libertad (sanción conjunta).

Me quejo de la policía

Oiga ciudadano, baje la voz y compórtese, está usted en una Unidad de policías.

Precisamente oficial; vengo a quejarme del actuar de ustedes. Mi hijo fue mordido por un perro y, no actúan no obstante haber llamado a su teléfono en varias ocasiones y, ni siquiera me han permitido formalizar la denuncia.

mire ciudadano, su hijo estaba circulado por los posibles delitos de Robo con Fuerza en las Cosas y, Tenencia y Portación de Armas de Fuego Ilícitamente; fue detenido y tratando de evadir la acción de la justicia, escapó. El perro a que usted se refiere es de nuestra plantilla de policías, se encontraba en el auto de la Guardia Operativa y, cuando vio al evadido salió del mismo impetuosamente, siendo detenido por uno de sus brazos por el propio perro que, ya lo conocía…

En estos momentos se encuentra recluido en uno de los calabozos esperando ser procesado penalmente. Ahora, después de explicarle lo sucedido, puede establecer la queja, mas, le aconsejo que busque un buen abogado defensor y lo contrate para que se encargue del proceso de su hijo.

Cortésmente, me hurtó la cadena de oro

A ver señora, dígame usted cómo sucedieron los hechos?

Mire, Oficial, yo venía por la calzada del malecón y, me salió al paso un hombre bien vestido, elegante, con gafas oscuras y un sombrero tejano.

Ese hombre la conminó a hacer algo de su interés?

No Teniente, para nada.

Cómo entonces se acerca a usted y se apropia de la cadena que llevaba en su cuello – según su declaración anterior, de oro de 24 quilates -.

Señor Oficial, es que no he terminado de narrarle la situación, escuche, por favor! El hombre se acerca a mí, me dice que mi cadena se parece mucho a las que él ha fabricado, que es una buena prenda; que es joyero y, que él siempre ha hecho buenos trabajos. De esa manera continuó un tramo a mi lado conversando sobre joyas. Cuando habíamos avanzado un buen tramo, ya cercanos a la intercesión de la calle K y el Quijote, suavemente me puso su mano izquierda sobre el hombro y, me dijo: pudieras, por favor! prestarme su cadena para estar más seguro; quizá fabrique algunas más, pues, veo han gustado.

Oh, sí! Tenga usted, examínela. Se la entregué, él la tomó, y aprovechando el tránsito de vehículos, cruzó la calle rápidamente continuando hacia la próxima esquina. No obstante llamarlo con voz bastante alta, no se detuvo; un señor que estaba cerca me auxilió y, salimos detrás de él, pero cuando llegamos a la esquina había desaparecido, puede haber sido en unas de las viviendas cercanas preparada para sus fechorías o, tomó un vehículo, lo cierto es que se llevó mi costosa cadena.

Señora, es usted la séptima víctima que acude a esta Unidad de policías por una causa parecida; según las declaraciones obtenidas se trata de la misma persona y el mismo modus operandi. No hemos podido detenerlo, pues, ejecuta sus acciones delictivas en distintos puntos de la ciudad, cada vez más distantes uno del otro y, después del caso suyo no ha vuelto a aparecer.

Usted me quiere decir, Oficial, que no les es posible detener a ese individuo; mire Capitán, sepa usted que yo soy tía del jefe dela Policía de este municipio y…

Ese es el gran problema señora.

Cuál? Qué soy familia del jefe, aclare eso!

De ninguna manera, es que el imputado es sobrino de mi esposa y, después de estos hechos ni la familia conoce su paradero... No obstante, lo hemos circulado a todas las Unidades de policías del país.

Parecía un monstruo, algo nunca visto

Cómo se siente usted, Danilo?

Mejor, señor Investigador, me he recuperado bastante, aunque, por poco me muero.

Sí, pero hubo un muerto de todas maneras. Pudiéramos conversar; él Médico autorizó lo hiciera, aunque no por tiempo prolongado.

He recordado todo, Oficial. Qué desea usted saber de mí?

Por qué cuando decidió lanzarse al río desde el puente, tomó por uno de sus brazos a la mujer que pasaba a su lado?

El hecho no sucedió así, no sé ni quien era ella, solo recuerdo una cara de piel negra, la más fea que vi en mi vida, parecía un monstruo alguien salido de no sé dónde, me enseñó los colmillos y cuando iba a mediado del puente, me empujó fuertemente hacia la baranda del mismo; al ver que irremisiblemente iba a caer al río, me abracé de ella y caímos los dos, luego la corriente del agua me arrastró y no la volví a ver, perdí el conocimiento.

Pero, eso no es lo que declara el hombre que la acompañaba; el narra los hechos a la inversa.

Oficial, no tengo testigos, le he dicho la verdad de lo ocurrido. nunca había visto esa mujer tan horrible, ni alguien que siendo un humano pudiera sacar los colmillos de la forma que lo hizo cuando nos dábamos cruce.

Bien, señor Danilo Zapata Zapata, debe continuar ingresado en el hospital hasta tanto el médico lo decida, volveremos a vernos, sobre usted pesa un presunto delito de Homicidio, ejecutado dolosamente.

Quiere decir, Oficial, que debo designar un Abogado para que se encargue de mi defensa?

Debe hacerlo ciudadano, de lo contrario se le pondrá uno de oficio.

Me preocupa aquella cara Oficial Investigador, no era común, independientemente de los colmillos, tenía algo raro, monstruoso. Ahora recuerdo cuando caímos al río, donde mi instinto de conservación me hizo ocuparme por todos los medios de no perecer, escuché una risa, algo así como de ultratumba.

Usted se siente bien, señor Danilo, desea llame al Médico de asistencia?

No Oficial, estoy perfectamente bien. Le parece mi confesión algo descabellado, pero en realidad eso fue lo que escuché y ahora viene a mi mente.
De inmediato llamaré a la Entidad de Servicios Jurídicos, Oficial. Mi abogado de la defensa que designaré se encargará de plantear, conforme lo establecido legalmente la situación que en estos momentos estoy necesitando. Gracias Oficial por su trato.

Ya en la tarde de ese día, el Letrado Shelton; Mariano Shelton, había sido contratado por Danilo y, se encontraban en el vestíbulo de la sala del hospital ultimando detalles: señor Danilo, usted me ha narrado los hechos, espero, tal y como sucedieron, pero, hay algo que debemos precisar. Cuándo la calificada como occisa se dio cruce con usted a mitad del puente sobre el río; ella iba sobre la acera cercana al contén, no a la baranda de dicho puente?
Así es Abogado. Transitaba por la parte de afuera y me empuja.
La declaración del hombre que la acompañaba, fue que usted la tomó por el brazo antes de lanzarse al río y la hizo caer consigo?
Eso es lo que manifiesta el Oficial Investigador, pero ese hombre desapareció y no aparece en ningún lugar.
Por supuesto Danilo, está usted seguro que eso no fue como declaró ese individuo?
He declarado con total transparencia, ajustándome a la única realidad y, siempre expondré la misma declaración, Abogado.
Mire, Licenciado Mariano Shelton, no lo he contratado para que se haga cargo de la defensa de mi causa convirtiéndose en un aliado mío, todo lo que he narrado es una realidad. Mi última declaración al Oficial Investigador que atiende el caso, le causó tremenda duda hacia mi persona, incluso me preguntó si me sentía bien, si deseaba llamar al Médico de asistencia, como si hubiera perdido el control de mi mente. Nada de eso ha ocurrido, es muy cierto lo que hube de escuchar de aquel horrible ser al caer desde el puente, luego perdí el conocimiento por el golpe tan fuerte que sufrí en la cabeza.
Un momento, señor Danilo, acaba de decir que posterior a escuchar aquel sonido, una risa como de ultratumba, recibió un fuerte golpe en la cabeza?

Sí, señor Abogado! Al punto de poder haber perdido la vida ahogado.

Entonces la occiso, la haya usted atraído o, ella lo haya empujado hacia el río, hubo de caer sobre su cuerpo y, el certificado de defunción que emitió el Médico Forense, manifiesta la causa de muerte una fuerte contusión en la parte inferior de cráneo.

Eso lo desconocía, Abogado.

Aquí hay algo raro que no me convence, señor Danilo. El testigo principal declara en su contra y desaparece. Usted, mantiene haber escuchado una risa de la occisa – dice como de ultratumba -. Nadie ríe de ninguna manera ante un hecho de tal magnitud, menos aún, cuando le acecha un grave peligro. Y por último, usted es quien recibe el fuerte trauma en cabeza con una piedra de gran tamaño y, ella cayó sobre su cuerpo, deduciéndose que usted le sirvió de protección.

Solicitaré se practique una exhumación legal del cadáver, realizándose una nueva investigación al respecto con los elementos aportados y, principalmente del cráneo de la occisa; así como del trauma recibido por usted, también en cabeza y, la reconstrucción de los hechos para determinar la posición en que ambos cayeron sobre la piedra que se supone fue la causa principal del fallecimiento de ella.

Considero muy oportuna su apreciación señor Letrado.

Retirándose del recinto hospitalario, el Abogado realizó la solicitud informada a su cliente y al día siguiente, en la mañana, fue presentada ante el Oficial Investigador.

Transcurrido el término legal establecido y garantizadas las condiciones necesarias para tal acto, fue señalado el día y hora en que con la participación del Fiscal, el Oficial Investigador de la policía y, los Médicos Forense, en presencia del acusado y su representante legal, fue llevado a cabo la acción de exhumación planteada... Qué sorpresa! Cuando fue abierto el sepulcro donde estaría la mujer objeto de la investigación, solo encontraron el sarcófago vacío, en tales condiciones, como si nunca hubiera albergado en él un cadáver y, se escuchó una risa desde lo profundo de la tierra.

Todos quedaron estupefactos.

Al trascurrir el tiempo en que cada cual reaccionó ante la real situación, el Licenciado Mariano Shelton, Abogado designado como representante legal del señor Danilo Zapata Zapata, planteó: dónde está la prueba principal para que mí representado haya sido acusado por un delito de Homicidio? Considero este acto una burla del más allá.

De hecho y al amparo de La ley de Procedimiento Penal, cuyo fundamento he de consignar oportunamente, he de solicitar el sobreseimiento libre y total del expediente seguido a mi representado por un delito espurio. Quedando el mismo exonerado de todo cargo.

Dolosamente

Quién es usted y qué desea?

Soy el gerente de la Empresa Distribuidora de Combustibles KAMIER, radicada en esta ciudad capital de la provincia, señor Teniente; tenga mi identificación. Mi visita a esta Unidad de policías tiene el objetivo de efectuar una denuncia.

Tenga su identificación, señor Barner, ahora exponga usted el motivo de la denuncia.

Teniente, la entidad que represento le suministra varios tipos de combustibles, que expende la estación de Servicios denominada "Súper Octanaje", propiedad del señor Oclides Herman; éste no solo ha incumplido el contrato comercial con la Empresa, sino que no acude a nuestros llamadas, presentando una deuda que ya asciende a 700 mil dólares. Traigo para fundamentar la denuncia la documentación que acredita el recibo de los productos suministrados: gasolina, gas – oíl y, lubricantes; así como la certificación de su impago.

Lo entiendo señor Barner, en cuanto a la explicación dada, pero no cree usted que su pretensión obedece más bien a la jurisdicción de lo administrativo y, no a lo penal?

Tengo la orientación, Oficial, de realizar el trámite para el cual he venido hasta aquí; pero no puedo debatir ese extremo con usted; permítame entrevistarme con nuestro Abogado y volver.

Concedida su petición, señor Barner, le espero entonces pasado mañana a las 2 PM. Ah! Soy el Teniente Rainer.

Gracias teniente, cual sea la respuesta que obtenga vendré a la cita acordada. Tenga buen día!

Llegado el día y hora de la cita acordada: Teniente Rainer, con su permiso; adelante Cabo Even, diga usted.

Señor, en el salón de la carpeta ha comparecido un ciudadano con su Abogado; dice nombrarse Wal Barner y, refiere está citado por usted.

Así es Cabo. Hágalo pasar.

Buena tarde, señor Teniente Rainer, de nuevo ante usted, comparezco con nuestro Abogado Gerson Bull.

Adelante caballeros, bienvenidos, tomen asiento. Por favor!

Gracias Oficial.

Veamos si podemos despejar el asunto que nos ocupa, usted dirá, señor Barner.

Prefiero que el señor Abogado Gerson sea quien le explique, Teniente.

Perfecto, ilústreme entonces usted, Abogado.

Es mi deber, Oficial; el señor Barner, Gerente de la Empresa se entrevistó conmigo, poniéndome al tanto del encuentro que tuvo con usted antes de ayer, cuya pretensión de denunciar al señor Oclides Harman, por causa del impago a la entidad que representa, por la suma de 700 mil dólares, lo cual fue rechazado.

Disculpe Abogado, realmente no fue rechazado, sino aplazado, pues, de conformidad con lo expresado por el señor Barner, no estuvo claro la posible calificación de una figura delictiva, por ello, él pidió le permitiera el concurso de su asistencia.

Entonces excúseme Oficial, le explico. Usted ha tenido razón, pues, a menudo se presentan hechos que a simple vista se enmascaran cual si fuera parte de un proceso administrativo, no obstante, el que nos ocupa, se enmarca o tipifica en la figura descrita en el Título XIII – Delitos contra los Derechos Patrimoniales, del Código Penal vigente, Capítulo IX, Sección Cuarta, cuyo Artículo 337.1 establece, entre otros motivos, cuando el deudor se oculte sin haber dejado representación legal o bienes en cantidades suficientes para responder al pago de la deuda… Éste es el caso que nos hace comparecer ante usted como denunciantes por un posible delito de Insolvencia Punible.

Es posible señor Abogado, según su exposición ha planteado elementos que denotan la integración del delito; presenta documentos que pueden tener un carácter probatorio ante el Tribunal competente que ha de conocer el caso, pero, dónde está la prueba fundamental que determina la calificación del presunto delito; la ausencia por haberse ocultado evadiendo el pago de la deuda contraída con la Empresa, del señor Oclides Herman.

Precisamente señor Teniente, Rainer, esa es la que usted como representante de la autoridad, quien debe velar por el orden y, el señor Fiscal que le corresponda conocer del caso para elevarlo al Tribunal en cumplimiento del ordenamiento jurídico establecido, son los llamados a aclarar mediante la investigación tal extremo. Nosotros le demostramos las numerosas veces que hemos tratado de contactar con el deudor; así como su ausencia desconocida, incluso manifestado así por sus propios familiares; sin designar alguien que lo represente legalmente, o los bienes que pudieran ser sometidos a consideración nuestra y de la autoridad civil correspondiente para sufragar la deuda.

No le parece a usted Teniente, que el inculpado actúa dolosamente y, que es el dolo quien proporciona se integre el posible delito, considerado por la ley sustantiva como Insolvencia Punible?

Hagan la denuncia señores, procederemos a radicar el caso y someterlo a un proceso penal incoado de inmediato.

Cual obra de ficción

Es aquí donde reside el ciudadano Aniel Ors?

Si, Suboficial.

Está usted denunciado por un presunto delito de Lesiones, ocasionado al ciudadano Abdiel Sat.

Tiene usted un rifle neumático?

Lo tengo. Ahí está guardado en mi escaparate.

Por favor! Búsquelo y acompáñenos.

Ante el Oficial Instructor, Primer Teniente Lazo:

Buena noche, ciudadano Aniel Ors. No es así?

Así me nombro Oficial.

Por qué razón usted le disparó con un rifle neumático al ciudadano Abdiel Sat?

Usted dirá, Primer Teniente, por qué el ciudadano Abdiel Sat manifiesta que le disparé con el rifle neumático.

Mire Oficial, el referido ciudadano, es un individuo con serios problemas de conducta, le ha dado por realizar largos discursos desde el techo o el portal de su casa, a cualquier hora del día o de la noche, por dicha causa se le ha llamado la atención en diversas oportunidades; le han tirado piedras, semillas de aguacate, etc., pero no cesa de hacerlo. Hoy precisamente eran más de las 12 de la noche y, no obstante haberlo requerido varias veces no se calló. Imagínese usted, en el barrio unos cuantos vecinos trabajamos, otros son ancianos, algunos enfermos en cama y, también hay niños recién nacidos. Al ver que Abdiel no reaccionó ante los reiterados requerimiento efectuados por mí, tomé el rifle y ciertamente disparé, pero no a él, sino al muro del jardín de su casa, con el objetivo de asustarlo. Nada pasó, solo se puso furioso, manifestando: si me hubieras dado en la cara te hubieras buscado un problema, acto seguido entró para su domicilio y al rato salió con una lesión en el labio inferior, vociferando que iba a acusarme a la policía.

Bien, ciudadano Aniel, pero lo cierto es que está lesionado, usted es poseedor de un rifle neumático y, admite haber disparado, por lo cual tengo que procesarlo por un delito de Lesiones.

Usted puede hacerlo, Primer Teniente Lazo, pero también debe tener en consideración que las lesiones que presenta Abdiel, no pueden haber sido provocadas por un pequeño proyectil impulsado por aire comprimido (un pellet), que cuando lo tomó en sus manos y mostró a usted, estaba intacto, sin deformación alguna, siendo de metal de plomo, maleable; así como debe tener en cuenta la distancia de más de 25 metros, por lo cual, es imposible haber hecho el estrago que el denunciante, mintiendo, quiere hacer ver; pudiendo convertirse en un comisor de un delito de Simulación y, por supuesto, esos elementos los ha de conocer el Tribunal en su momento.

Quiere decir que usted no admite haber disparado con su rifle neumático al ciudadano Abdiel Sat.

Así es, señor Oficial.

Firme usted el acta de declaración y, manténgase localizable, efectuaremos las investigaciones pertinentes; así como esperamos el alta del denunciante con el informe médico – legal correspondiente.

Transcurridos los días señalados procesalmente:

Ciudadano Aniel Ors, le hemos citado nuevamente para darle a conocer las conclusiones a que hemos arribado sobre el caso que nos ocupa.

Usted dirá, Oficial, espero haya tenido en consideración las razones que hube de expresarle el día de los hechos.

Bien, sometidos los hechos a una investigación y examen sobre balística, el mismo arroja la imposibilidad de que un arma, cuyo proyectil de pequeño tamaño – un pellet -, impulsado por aire comprimido, a la distancia de más de 25 metros, pueda haber causado la lesión exhibida, considerando que todo proyectil hace una parábola a determinada distancia, más aun, cuando su propulsor es el aire comprimido de una cámara de baja potencia, como el del rifle en cuestión.

Se decide no dar traslado al Tribunal al no integrarse el delito de lesiones previsto en el Artículo 272 y siguientes, del Capítulo VII, Título VIII del Código Penal. Puede retirarse.

Falsa pistola

Frente al horno facilitado para la realización del trabajo concebido; Arondi se dirige a la caja de madera que contiene unos pedazos de aluminio recolectados recientemente, los toma y, los trae vertiéndolos en el interior del recipiente ya a su máxima temperatura.

Piensas hacer algo distinto, Arondi, con aluminio?

Hola Tey, ni te sentí llegar.

Te vi pasar y pensé habías venido a resolver una situación, como a menudo sucede con algunos amigos. A propósito, compré un buen rifle de caza. Cuándo lo estrenamos?

Ahora estoy ocupado Tey, tengo que terminar este trabajo para buscarme unos pesos.

Unos pesos! Con ese molde de una pistola. Es verdad que está bien hecho! Es una réplica de una Colt 45. Y, cuántas piensas hacer? Será para venderlas en algún ventorrillo?

No Tey, no puedo esperar tanto tiempo, la situación está muy dura, se me muere de hambre la familia.

No estarás pensando asaltar un Banco con esa basura que ni suena, porque te van a llenar de agujeros la espalda y el pecho.

No viejo, fíjate el plan es perfecto. Termino la pistola, la bruño y, por las noches con una máscara puesta, le salgo a algunas personas, por supuesto escogidas, y las despojo del dinero, prendas y, algunas otras pertenencias de valor.

Eso es robar muchacho, tú no tienes madera para hacer esas cosas, eres un hombre joven y de su casa. Te vas a complicar. Mejor busca un trabajo. La cárcel es fea y, puedes hasta perder la vida.

Ya he tratado Tey, y lo que me ofertan es mensajería, limpieza en los talleres y, estibador en almacenes. Yo no sirvo para eso, amigo. Además, el salario es poco. No te preocupes, en realidad esto no es un arma, no le haré daño a alguien y tendré el dinero que necesito. Después, veré que hago.

Al tercer día, luego de haber rectificado y pulido su obra, esperó un tiempo, sobre las diez de la noche.

Ahí viene la primera víctima:
Señora, párese ahí!
Por favor! No dispare.
Entrégueme todo el dinero. La cartera que lleva colgada en el hombro y, las prendas. Ahora retírese sin mirar atrás.

Caramba! Qué buena noche la primera! Tey cree que me voy a poner a trabajar. Esto es un negoción.

Oiga señor, me puede dar candela para encender un cigarrillo.
Sí, tenga mi fosforera.
Párese de frente a la pared, con las manos en la cabeza.
La billetera está repleta. No se mueva, le tengo la pistola en el pulmón, si trata de hacer algo, disparo.
Buen reloj! Las demás prendas. El teléfono.
Retírese y ni hable porque lo fogoneo.

Arondi, con su falsa pistola, asaltó varias personas en distintos puntos de la ciudad; le iba de lo más bien.
Un sábado en la noche, como de costumbre, se dirigió al Restaurant Colinas Azules en las afueras de la orbe. Avanzó hasta el parqueo de autos, aledaño al edificio principal y, amparado por la sombra de una lujosa limousine allí estacionada. Hoy es mi día, pensó.
Todo a pedir de boca: el chofer dentro del auto, de inmediato voy a neutralizarlo. Daré unos golpes en la parte trasera del vehículo, cuando venga a ver lo que sucede, lo golpeo en la cabeza, lo amarro, amordazo y lo oculto dentro de la misma limousine.
Todo me salió perfecto! Ahora esperar que vengan los dueños; deben tener buena plata. Cualquiera no anda en un carro así y, hasta con chofer particular.

Ahí vienen! Valió la pena el tiempo de espera. Es una cacería perfecta. Parece ser un matrimonio algo mayores ya.
Eh! Párense ahí, con las manos puestas sobre el techo del auto; no intenten nada porque hago cantar la pistola. – La falsa arma, cuidadosamente bruñida, resplandecía a la luz de la luna -. La señora, temblaba incontroladamente.
Arondi, en su atareo de despojar al hombre de sus pertenencias, no reparó en ella, quien de pronto, cayó al suelo soltando espuma por la boca.

Mi esposa. Por favor! Señor ladrón, le doy lo que me pida, ayúdeme, está enferma del corazón, se muere.

Como accionado por un resorte invisible, Arondi olvidó el papel que había decidido desarrollar; no preparado para ello, ni proveniente de un medio donde había dicha práctica como algo normal como subsistencia. Quedó paralizado, como neutralizado por una fuerte descarga eléctrica y, acto seguido, tomó la mujer en sus brazos pidiendo auxilio y gritando: "yo no quería eso Dios mío, no era eso". De pronto, la Seguridad Interna del Restaurant apareció en el lugar de los hechos, lo detuvieron sin tiempo a nada, ocuparon la famosa "falsa pistola", las pruebas de convicción del asalto y procedieron a liberar al chofer de la limousine, trasladando a los esposos Smirt a un centro hospitalario.

En la Unidad de policías:
así que usted, Ciudadano Arondi Belzar, de 35 años de edad, casado, padre de familia con tres hijos menores, desocupado, sin antecedentes penales, es el nombrado "asaltante de las noches" en nuestra ciudad.
Qué tiene que alegar al respecto, ciudadano?
Oficial, tenía mucha necesidad de alimentar a mi familia y, se me ocurrió buscar algún dinero con esa falsa pistola que tiene usted sobre el buró.
La fabricó usted, ciudadano? O tuvo ayuda de alguien avezado en construir artefactos con el fin de delinquir?
La fabriqué yo, señor Oficial y, le di la terminación que puede apreciar.

Está muy bien hecha.
Señor, pero no es auténtica, no he cometido el delito de portar armas de fuego sin autorización.
Para nada Arondi Belzar, no se preocupe por ese extremo técnico – jurídico. Lo acusaremos de oficio por las figuras que contemplan: Robo con Intimidación y, el Homicidio causado a la señora Smirt, quien no resistió la gravedad de los hechos por usted cometidos, los cuales, son producidos a tenor de la comisión del Delito Imposible, al utilizar un arma falsa e inofensiva, quien le causa la muerte a consecuencia de un paro cardiaco.
No obstante, en medio de tan grave hecho, usted abandonó su empresa y al lado del esposo de la víctima, también asaltado, ayudó con el objetivo de aminorar las consecuencias; así declarado por el señor Smirt, ello, puede atenuar en algo su condena por parte del Tribunal actuante. Pero, piense, cuánta desgracia ha causado con la comisión de tan abominables hechos; debe estar preparado para pasar un tiempo… apartado de su familia.

Por mirón

Qué miras?

Lo que yo quiera, chico.

Pero, es que esta es mi casa, mirón.

Que yo sepa tu cajón, porque esa casa parece un cajón, sin portal, está a la vista de todo el que pase por la calle.

No me gustan los mirones y, se acabó.

Oye, bravucón, nada de se acabó; miro porque me da la gana, viejo. Y si quieres tírate para que pruebes lo que traigo.

Ja, ja, ja, que risa me das. Ahora verás como te amanso con este pedazo de tubo que tengo detrás de la puerta...

Oh, qué dolor de cabeza! Dónde estoy, qué sucedió que tengo la cabeza vendada?

Tranquilo señor, está usted en politrauma del hospital; lo golpearon con un tubo en su cabeza.

Ya recuerdo seño. El bravucón, pendenciero. Y dónde está él?

Bueno, según la policía, anda huyendo. Lo están buscando para acusarlo por las lesiones que le causó a usted. No se preocupe. Mantenga el reposo.

Quiero hablar con el Oficial de la policía que atiende mi caso, seño.

Veré al médico, señor; si lo autoriza, lo llamaré para que venga a atender su solicitud. De todas maneras es interés de la autoridad entrevistarlo.

Señor Eloín, el médico autorizó su entrevista con el Oficial de la policía, espera que usted lo atienda.

Hágalo pasar seño. Por favor!

Buen día, señor Eloín Matos Matos, soy el Capitán Even, atiendo su caso e independientemente de mis funciones, sé que usted tiene interés de hablar conmigo. Estoy a su disposición.

Si Capitán. Desde que recobré el conocimiento y fui ubicado de la situación, estoy muy preocupado. No conozco a mi agresor, ni siquiera sé como se

nombra. En infinidad de ocasiones había pasado por su domicilio, mas, nunca lo había visto.
Lo cierto es que ese día, cuando pasaba frente a su casa, él entraba, y me llamó la atención los muebles tipo colonial que están en su sala. Me quedé mirándolos desde la acera, pero a él no le gustó. Discutimos, me dijo mirón, yo le dije bravucón, pendenciero; se fue acalorando, yo insistí en que miré porque quise hacerlo. Por esa razón comenzó todo. Él me amenazó, yo hice gala de mis kendos, fue entonces cuando tomó el tubo, me fue arriba y, el resultado usted puede apreciarlo; desperté aquí en el hospital.
Entienda Capitán, lo que me tiene molesto es que no debí discutir con él, se puede apreciar que ese individuo es una de esas personas explosivas, las cuales, se ofuscan y no entienden. Por tal motivo, mi interés de hablar con usted, es pedirle que no continúe el proceso, no deseo acusarlo.
Le he escuchado con atención, señor Eloín, usted es una buena persona, pero el delito cometido por su agresor, el ciudadano José Beldán Antunez, es perseguible de oficio, no a instancias de parte, por lo cual, es el ministerio fiscal quien acusa, pero, además de su conducta criminal, aun anda huyendo, intentando evadir la justicia, aunque ya tenemos información de su paradero.
El ciudadano José Beldán Antunez, será procesado por el delito de Lesiones, con la agravante que concurre durante el proceso; dicho delito se encuentra previsto en el Artículo 272.1.2 del Código Penal, el que dispone la sanción de dos a cinco años de privación de libertad, por haber atentado gravemente contra su vida; pudo haberle producido la muerte, señor Eloín.

Todo es ganancia

Vamos con cuidado compadre; lleva tú la soga y la cántara plástica. Yo voy alumbrando con la linterna, solo para ver el camino y, llevo el serrucho.

Este camino nos lleva al lugar donde vamos a hacer el trabajo, Quintillo?

No Jique, pronto tenemos que dejarlo y tomar un trillo, ese si nos lleva a la finca de Venancio; tiene buenas vacas productoras de leche y, tremendos tarros.

Cuántas vacas nos llevamos esta noche?

Solo cuatro o cinco, hacemos el trabajo, las devolvemos al potrero y, regresamos tranquilos, luego esperamos par de días y vamos a otra finca; así no hay quien nos agarre.

Está buena la jugada Quintillo, pero además, si nos encontramos con alguien, solo ve la cántara, cualquiera lleva una cántara, porque la soga va en la mochila, oculta junto con los tarros y el serrucho.

La otra cosa Jique, es que no nos llevamos los animales, los dejamos sin tarros y sin leche, pero los devolvemos, no los hurtamos. Somos finos, compadre.

Esa es la cosa mi amigo, tuviste una idea genial.

Y, hoy dónde vamos, Quintillo?

Un poquito más lejos. Vamos allegarnos a la finca de Don Genaro.

Caramba! Aquí solo hay toros de ceba.

Bueno, siempre no puede ser igual; sacamos cuatro, les aserramos los tarros y nos retiramos enseguida.

Oye, Quintillo, no te había preguntado, para qué son los tarros?

Ah, compadre! Los tarros los vendemos a los artesanos; hacen maravillas con ellos y, los pagan bien.

Y, esta otra noche, hacia dónde nos encaminamos?

Qué te parece si le damos otra vueltecita a Venancio, tiene buenos animales, varias vacas lecheras, bueyes y toros, todos con tarros de buen tamaño. Eso es plata, mi socio.

Yo creo que volver allí en tan corto tiempo es arriesgado. Por qué no vamos a otro lugar que aun esté virgen, Quintillo?
Hasta cierto punto tienes razón, socio. Pero, ese es llamativo. Mira compadre, si quieres, hoy quédate, yo daré una vuelta por allí. Mañana nos vemos.
No me gusta, te repito. Cuando yo reacciono así, casi siempre hay problemas. Mejor no vayas amigo.
Se que tratas de protegerme, pero me sentiría mal sintiéndome derrotado por causa de un pensamiento. De todas formas lo pensaré.

Al día siguiente:

Te enteraste, Jique?
De qué, vecino?
Anoche la policía cogió a tu amigo Quintillo en la finca de Venancio.
Y sabes qué hacía allí?
Bueno, ya dos o tres noches atrás, le aserraron los tarros a unas vacas y las dejaron sin leche.
Entonces, lo culpan de haber hecho eso?
Como lo acabas de oír, vecino.
Luego nos vemos.

Ahora la cosa si está que arde. Se lo advertí anoche bien claro, le pedí que no fuera. Ahora hasta yo corro peligro; si Quintillo suelta la lengua la poli me tranca también. Lo mejor es que desaparezca.

Capitán, no he sacrificado ningún animal, ni tampoco he hurtado, me han detenido por una sospecha infundada.
Ciudadano Adolfo Quintillo, usted fue sorprendido dentro de la propiedad del señor Venancio, donde hace solo dos o tres noches, le cercenaron los cuernos a cuatro de sus reses y, fueron ordeñadas llevándose la leche. Ambos hechos constituyen delitos de Daños y Hurto.

Oiga Oficial, pero yo no tengo que ver con eso. Los policías que me detuvieron acaso ocuparon alguna de esas cosas?

En honor a la verdad no, ciudadano. Pero, si le ocuparon un bolso con sogas, serrucho y una cántara plástica. Qué extraño, verdad?

Adolfo, estaba usted en horas de la noche, bien avanzada, en una propiedad ajena con dichos utensilios, los cuales se usan para cometer el hecho similar al ocurrido. Daba usted un paseo a esa hora?

No le parece bastante ingenua su justificación, Adolfo Quintillo?

Además, en la visita realizada por personas dedicadas a la comisión de delitos de esa índole, dejaron marcada en el terreno huellas y, sabe usted? una de ellas es la suya. Quién el otro, Quintillo?

De eso no sé, Capitán.

No ciudadano. Quiere usted continuar complicándose. Si no lo sabe, podemos sumar a los demás el delito de Encubrimiento, con el agravante de haber utilizado la noche para asegurar el éxito de los hechos y, actuar en grupo organizado.

Mire Adolfo Quintillo, es aconsejable que coopere en el esclarecimiento de los hechos porque se le está complicando el cuadro. Ahora me acaban de informar que hay presentada otra denuncia del señor Genaro, en iguales circunstancias. Se está investigando. Cada vez se cierra más el lazo. Ya contra usted existen las pruebas suficientes, pero sabemos que hay otra persona implicada en estas acciones delictivas.

Capitán, haga lo que usted desee conmigo, yo no puedo darle información alguna. Usted sabe, si lo hago peligra mi vida.

Ciudadano Adolfo, usted está bajo la protección policial.

Sí, mientras esté aquí. Cuando me condenen y vaya para la cárcel, las cosas son distintas allí.

Bien, Quintillo, entonces continuaremos las investigaciones y usted queda en prisión provisional dispuesta por el señor Fiscal en uso de su facultad para dictar medida cautelar.

En el departamento de criminalística:

Capitán, ya le hemos informado todo lo que nos ha llegado al respecto sobre el caso de Adolfo Quintillo, incluso el informe del laboratorio sobre las huellas encontradas.
De acuerdo Sargento Iván, pero ahora necesito confirmar sobre esa persona que andaba con Adolfo; eran inseparables y, según la fuente informática, esa noche salieron los dos con una mochila y una cántara plástica mediana.
A la orden! En la tarde tendrá usted el informe requerido sobre ese sujeto.

En la tarde:
Capitán, ya tengo el informe que le interesa.
Informe usted Sargento.
El sujeto que siempre andaba con el ciudadano inculpado de los hechos se nombra Graciano Jique, no tiene vínculo laboral alguno, posee antecedentes penales por el delito de Hurto, sancionado ejecutoriamente por el Tribunal Municipal del territorio en dos ocasiones y, en estos momentos no se encuentra localizable en su domicilio. La familia desconoce su paradero.
Gracias Sargento Iván, no obstante vamos a librar una orden de registro en su casa y, circúlelo a todas las Unidades para su captura. De cuenta sobre el caso al Grupo de Búsqueda y Captura.

A las 72 horas:
Bien ciudadanos, Adolfo Quintillo y Graciano Jique, están ustedes acusados por la comisión de los delitos de Daños a la propiedad privada y, Hurto; usted particularmente Adolfo se le adiciona el delito de Encubrimiento por no cooperar con el esclarecimiento de los hechos y negarnos la información de la participación en los mismos del ciudadano Graciano Jique. Además en ambos concurren la agravante de ejecutar la actividad delictiva en horas de la noche y actuar en grupo organizado. De inmediato serán puestos a disposición del señor Fiscal para que concluya el proceso y lo despache con el Tribunal.
Retire los acusados custodio.

Tremendo regalo!

Le gusta amigo? Lo veo parado mirándola con detenimiento.

Sí, está muy linda, sus colores muy llamativos y, sobre todo manuable.

Pues, es suya. Se la regalo.

Cómo es posible, es algo valioso y usted ni siquiera me conoce para que me la regale.

No se preocupe, traje varias motorinas de mi país; esa es la última. Sale gratis! La venta de las demás fue muy buena.

Como quiera que sea, señor, no debo aceptar; usted es muy generoso, pero esa motorina le costó una buena cantidad de dinero.

Mire, no se hable más de ello, tome la llave y, váyase en ella, luego volveremos a vernos, amigo.

Bien señor… No tengo palabras con que agradecerle.

Vaya, amigo, vaya, nos veremos un día!

En el transcurso de la semana.-

Ah, caramba! Un carro patrullero. La policía, veo que tiene intención de pararme. Así es, me están haciendo señales para que me detenga.

Buena tarde, ciudadano.

Buena tarde, Oficial.

Puede usted mostrarme los documentos donde conste la propiedad de la motorina.

No, señor Oficial, fue un regalo de un extranjero que reside en Avenida de Jocucú y, solo me entregó la llave.

Usted no cree eso una cuartada bastante ingenua?

No Oficial, es como le dije.

Bien, abra el compartimiento que está debajo del asiento.

Ya está abierto, vea usted.

Precisamente, esa numeración gravada es la que nos informaron en la denuncia.

Denuncia!

Sí, usted ha sido denunciado por haberse apropiado de esa motorina aprovechando que se encontraba en el portal de la vivienda encontrándose sus moradores en su interior.
Eso es incierto Oficial, el extranjero me la hubo de regalar, incluso me insistió en que la llevara, yo no quería aceptarla.
Tiene algún testigo que de fe de esa conversación.
No conozco que alguien estuviera escuchando, quizá.

Pasado dos días, en la Unidad de Policías.-

Ciudadano Edward Hacín Flores; la denunciante mantiene su declaración y el extranjero a que usted hace referencia, retornó a su país. Tenemos que instruirlo de cargo por el presunto delito de Hurto.
Pero, no es posible localizar al extranjero, Oficial?
Dice la señora denunciante que no regresa, pues, el matrimonio entre ellos se disolvió.
Permítame, señor Oficial; ahora recuerdo, la conversación con el extranjero la gravé en mi teléfono móvil, puede darme acceso a él, está ocupado y ahí está la prueba que necesito.
Tenga usted el móvil, detenido, qué prueba puede exhibir?
Es cierto, está grabada la conversación tal y como usted declaró y, el extranjero es de nacionalidad italiana. No obstante, libraremos un despacho a su país para comprobar con su testimonio.
Pero, modificarán la medida cautelar a que estoy sujeto, considero no debo continuar detenido.
Eso haremos, ciudadano, acompáñenos a la oficina de Instrucción.
Perfecto Oficial, pero haré la denuncia a través de mi abogado por el delito de Acusación Falsa, contra la ciudadana que me acusó; su actuar fue mal intencionado, pues, ella estaba presente cuando el esposo insistió en que aceptara el regalo. Parece que ya había problemas entre ellos, él había decidido retirarse para su país y, no quería dejarle la motorina.
Está usted en su derecho, ciudadano Edward.

Librado el despacho conforme las relaciones establecidas con el país del ciudadano italiano, fundamentadas en las normas del Derecho Internacional Público, la autoridad fiscal obtuvo la declaración a favor de Edward Hacín Flores, sobre quien fue sobreseído el expediente instruido. No obstante, el extranjero rehusó dar declaración alguna sobre su ex esposa, no pudiéndose demostrar su actuar doloso y por tanto, no se aceptó la denuncia sobre Acusación Falsa, pretendida.

Dónde he visto esa cara?

El reloj de la torre de la vieja catedral anunció la media noche; aún la terminal de trenes quedaba algo distante; exhausto, el andar de Flavio se había hecho pesado. Se volteó, como rutinariamente lo hace y pudo percatarse que una joven de piel bronceada, pelo y ojos negros situados en atractivo rostro, acompañado de un esplendoroso cuerpo, detuvo la moto deportiva que conducía. Buena noche, señor, me dirijo a la terminal de trenes, quizá usted vaya en esa dirección y no me agrada mucho atravesar el tramo que resta para arribar a ella, sola, podría acompañarme?

Con mucho placer, joven, desea continuar conduciendo, o prefiere lo haga yo; también poseo una moto allá, en la ciudad donde resido.

Qué bueno! Me encantan las motos. Pero no se preocupe hombre, monte sin problema alguno, tengo experiencia en el manejo de esta tipo de vehículo, desde temprana edad me adiestré en ellos.

Disculpe joven, no cree que transita a demasiada velocidad?

Me gusta la velocidad caballero, pero, por su causa la disminuyo, no quiero se disguste, o quizá sienta temor. Será eso?

Usted cree? En su compañía siento placer.

Gracias!

Pero, no ha de viajar, pues, trae la moto consigo?

Para nada, señor; además cuando tengo que ir algún lugar, en ella devoro las carreteras. Voy a esperar una amiga que debe llegar en el tren de las 3 AM.

Vino temprano entonces.

Sí, no tenía nada que hacer, tampoco siento sueño y, decidí venir, Ahora tengo compañía, verdad?

Completamente, seño...

Señorita señor, soy soltera y no estoy comprometida.

Bien, dejamos atrás la parte oscura de la ciudad y estamos ya a solo tres cuadras de la terminal. Disfrutó el viaje?

Junto a usted señorita, todo es placentero.

Es atrevido asegurar lo que no conoce del todo, señor...

Flavio, me nombro así. Es que tienes un modo de ser especial. Y tú cómo te llamas?

Flavia, qué coincidencia, verdad?

No estás jugando conmigo?

En lo absoluto, señor. Ya llegamos. Voy a parquear para enseñarle mi licencia de conducción; así podrá cerciorarse que no le he mentido.

No, no es necesario. Además, como te llames no es lo esencial. disculpa mi comentario. Te invito a tomar algo en la cafetería.

Le acepto Flavio, pero solo refresco, cuando conduzco la moto no acostumbro a ingerir bebidas alcohólicas.

Muy bien de tu parte; te puedo invitar entonces a una malta sin alcohol.

Perfecto, es una de mis favoritas.

Sabes Flavia, nunca había estado en tu ciudad; esta terminal es bastante moderna; los trenes de modelos muy recientes, y tú la más bella dama que he visto aquí.

Nuevamente gracias! Me vas a sacar los colores de la cara.

Nos sentamos a conversar un rato, Flavio?

Idea aprobada, mira aquí mismo podemos.

No, disculpa, no me agrada entre tantas personas, vamos al final del andén.

Como quieras, tú decides.

Ja, ja, ja, ojalá siempre me trates igual y, al final no te arrepientas.

Por qué he de arrepentirme? Hay algún problema que yo no sepa?

No te preocupes, son cosas mías. Disparates que luego se me escapan. Sentémonos aquí, lo suficientemente distante y solos.

Sobre todo, Flavia, para un disfrute que no se presenta muy a menudo. La tomó por la barbilla y sin objeción alguna de su parte, la besó en los labios -. Ella, tomó la cara de él entre sus manos, las que hacían gala de numerosas prendas, entre ellas, una sortija de oro ornada con brillantes y un rubí al centro simulando una calavera cuyo orificio de los ojos lanzaban destellos a la luz de las lámparas que penden del techo; le devolvió el beso con una mayor duración.

Él desabrochó la parte superior de la blusa dejando al descubierto el busto con una ostentosa cadena de oro de 24 quilates y de la cual sobresalía una medalla con la imagen de una pantera; acariciándola volvió a besarla, siendo interrumpido por el sonido del teléfono móvil que ella portaba.

Disculpa mi cielo; poniéndose en pie como movida por un poderoso resorte, se alejó lo suficiente, como para no ser escuchada.

De regreso: no es nada importante, mi mamá preocupada por si había llegado a la terminal.

De nuevo tomó asiento al lado de él, pero, instintivamente desvió la mirada hacia dos vagones que a unos cincuenta metros se encontraban depositados sobre un tramo de línea.

Viste lo que yo? Preguntó él.

Sí, son hombres homo que van a hacer sus cosas detrás de los carros aparcados.

No me pareció eso Flavia, sino una movida delincuencial.

Acaso tienes que ver con esa materia?

Quizá sea parte de mi trabajo.

Bueno, qué importa, te propongo vayamos a pasar un tiempito al hotel que nos queda a media cuadra, todavía falta para que llegue el tren.

Vamos!

Ella volvió a tomar el móvil, marcó un número, pero inmediatamente colgó.

Sobre aviso – preguntó Flavio -, a quién llamas. No estarás pensando en otra compañía.

No digas eso, llamo a mami. Bueno, mejor no.

No vayas a pasar por la carpeta del hotel, tengo una habitación reservada para si acaso mi amiga no quiere ir para la casa hasta por la mañana.

Atravesaron el amplio vestíbulo – a Flavio le extrañó que ni siquiera los trabajadores de la carpeta los miraron -; tomaron el ascensor y en la tercera planta bajaron del mismo.

La habitación es la número 49, ven.

Parados frente a la puerta, Flavia introdujo la llave en la cerradura y abrió la misma.

Entra tú primero Flavia.

Pensé serías tú primero, mi cielo, quien entraría.

Sin pronunciar palabras, él la tomó por la cintura y, con cierta desconfianza la hizo penetrar al recinto, luego apartándola a un lado, entró.
Sucedió lo que ya había olfateado. Sentados en el borde de la cama, dos hombres jóvenes, uno de piel blanca, el otro oscura, ambos corpulentos de mediana estatura. Cada uno con una larga sevillana en su mano derecha.
Ella, cerró la puerta, puso el seguro y, se apartó a un lado, lejos de él.
Me imaginé que algo traías oculto, por eso te hice entrar primero, Flavia.
Ven estúpido para que lo hagas con nosotros, ja, ja, ja; te gusta el jamón, eh! Pues, ahora vas a comerte el hueso – le dijo el de piel oscura -. Y por supuesto, perdiste el maletín.
Flavio, de pie al lado opuesto de la cama, puso el maletín en el suelo y atento a todo movimiento de aquellas tres personas; introdujo su mano derecha dentro de la chaqueta y extrajo una pistola Colt 45 empavonada con cromo, que destelló bajo los rayos de luz procedentes de la lámpara colgada en el techo de la habitación. Creo que erraron! Y les va a costar caro. Sacó del bolsillo la chapa identificándose: soy capitán de la policía nacional. Sabía, Flavia que tu comportamiento no era normal. Están detenidos. Pongan las sevillanas en el suelo, y de frente a la pared con las manos en la misma por encima de las cabezas. Ahora, toma las esposas Flavia – tirándoselas sobre la cama -, pónselas, el brazo derecho de uno atado al izquierdo del otro; no te pases de lista porque te ganas un plomazo en una pierna.
Estoy de tu parte Flavio, qué más deseas que haga? – le dijo ella -.
Sabía, zorrita, que tu cara la había visto en algún lugar, según es de linda, también de delincuente; ahora recordé: en el registro del archivo policial, en realidad no te llamas Flavia, sino Fátima.
Es cierto capitán; así es mi nombre. Solo le pido que considere tengo una madre postrada en una silla de ruedas y soy sola para atenderla.
Eso lo debe tener en consideración el tribunal que ha de juzgarles. Todos delante de mí, bajando por la escalera; tomó el teléfono móvil y llamó a la unidad de patrulla.
Al llegar a la carpeta: ustedes también van a responder conforme a la responsabilidad que les compete…

Ariel G. Batista Osorio. Natural del municipio Puerto Padre. Provincia de Las Tunas. Cuba.
Escritor y poeta. Residente en la ciudad de Holguín. Cuba. Agosto de 1948.
Licenciado en Derecho. Graduado del Curso Bíblico – Teológico del Seminario Evangélico Internacional de Matanzas. Cuba (SET). Vicepresidente de La Cruz Roja en la provincia de Holguín. Miembro de La Unión Nacional de Juristas de Cuba; de La Sociedad Cultural José Martí; de Los Amigos (Cuáqueros); fundador – presidente de la Institución Literaria El Convivio Cubano, en Holguín, en colaboración cultural con La Academia Internacional El Convivio de Italia; del Club de la Emisora Radio Reloj; del Movimiento de Poetas del Mundo, y poeta consagrado de La Asociación Internacional de Poetas del Mundo en Isla Negra, Chile; con creaciones poéticas, y narrativas en La Asociación Internacional de Poetas del Mundo en Isla Negra; Nostre Club en Barcelona, España; Academia Internacional de Poesía, Arte y Cultura El Convivio de Italia; Asociación Cajamarca, Identidad y Cultura, de Cajamarca, Perú; Revista The Ambassador de La Alianza Literaria Canadá – Cuba .La Editora Académica Española JustFiction! Edition, Riga, Letonia, donde ha publicado numerosos libros. Fundador – presidente del Ministerio Arte Cristiano "Camino de Belén", y fundador - director de la "Pastoral de Acompañamiento Espiritual" –Iinterdenominacional - auspiciado por La Obra de Los Amigos (Cuáqueros) en Vista Alegre. Holguín. Miembro del Jurado del Concurso de poesía "Una Flor para Mamá", de La Asoc. Cultural Polo Montañez, en Holguín, en diversas oportunidades. Premiado en diversas ocasiones en narrativa y poesía cristiana en la Obra de Los Amigos; Biblioteca Provincial Alex Urquiola Marrero; Casa de La Cultura Municipal "Manuel Dositeo Aguilera", ambas de Holguín; así como obtuvo el Primo Premio Assoluto en Selección de Poesías, en Italia – 2016, entre otros; Diplomas de Honor en Isla Negra, Chile, y Cajamarca, Perú, en numerosas convocatorias; y Pergaminos de Honor y de Honor Especial, en Cajamarca, Perú, en varias ocasiones, en los géneros de narrativa y poesía.

Índice - págs...

Imagen: tomada de Microsoft Open 2010

Archivo personal: Ave. de Los Libertadores. Holguín. Cuba.

Toda obra policiaca recurre a la imaginación de su autor; en la presente se entremezcla la realidad con lo imaginario, sin que uno interfiera al otro, pues, de la manera que se escriba siempre habrá un aporte de lo vivido y la posibilidad de una sátira a lo que incorrectamente haya sido hecho.

Ariel G. Batista Osorio. Escritor y poeta. Licenciado en Derecho. Primo Premio Assoluto en poesía y diversos premios y reconocimientos en La Academia Internacional de Poesía, Arte y Cultura El Convivio de Italia, Asociación Cajamarca, Identidad y Cultura de Perú, Asociación Internacional de Poetas del Mundo. Isla Negra Chile. Fundador – presidente de La Institución Literaria El Convivio Cubano; con numerosos libros publicados en JustFiction! Edition, Riga. Letonia.

Printed by Books on Demand GmbH, Norderstedt / Germany